DE LA
VIE SIMPLE

ÉTUDE SOCIALE

PAR

J. Émile IVANOUEL

PARIS

A. GIARD & E. BRIÈRE

Éditeurs

16, RUE SOUFFLOT, 16

—

1893

DE LA

VIE SIMPLE

DE LA
VIE SIMPLE

ÉTUDE SOCIALE

PAR

J. Émile IVANOUEL

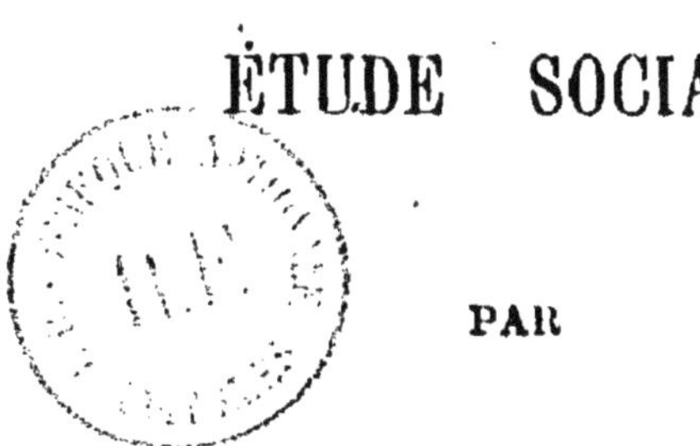

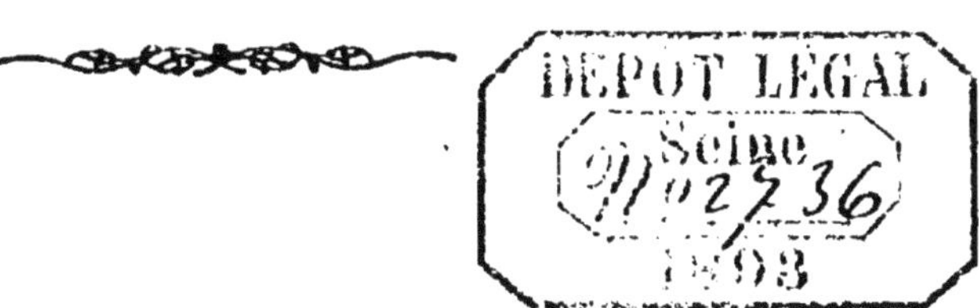

PARIS

A. GIARD & E. BRIÈRE

Éditeurs

16, RUE SOUFFLOT, 16

—

1893

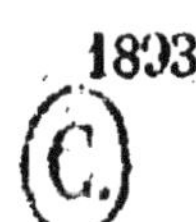

DE LA VIE SIMPLE

AVANT-PROPOS

Ce livre n'est qu'une étude et rien de plus. Peut-être pourra-t-elle servir à quelque homme de bonne volonté : l'auteur le suppose. Vieux, et pressentant sa fin, il a tenu, avant de disparaître, à exhumer de ses tiroirs, ces pages écrites il y a beau temps, à les distribuer en leur ordre, et à les porter chez l'imprimeur.

I

Préambule.

Que cherches-tu ?

— Je cherche les bons, pour en eux fonder mon église. Mais je cherche en vain dans la cohue: à quels signes les reconnaître ?

— A trois signes. Regarde en plein dans leurs yeux et observe de combien leur regard clignera ou s'ouvrira. Note bien ensuite le ton de leur voix : c'est ainsi que tu percevras s'ils sont sincères et accessibles à l'émotion. Garde-toi de te prononcer, tant que la perception te laissera en doute.

Le troisième signe se manifestera par la simplicité de leur dehors, preuve qu'ils sont modestes, dénués d'envie et de convoitise.

— Mais de ceux-là, il n'y a pas beaucoup.

— Il y en a quelques-uns, et cela sera assez.

— Je chercherai ainsi. Mais quand j'aurai trouvé, sur quel modèle de société devrai-je grouper mes adeptes?

— Viens avec moi, et étudions cela ensemble.

II

« Ayant toujours vécu dans la simplicité... je désire être
« enterré comme la plus simple des créatures ».

TESTAMENT DE MA MÈRE.

« Mes sœurs, soyez toujours simples. Rappelez-vous la
« Vierge, qui passait ignorée au milieu des jeunes filles ».

Ma sœur, en mourant.

Du luxe et de la fausse grandeur.

Qu'est-ce que ces étoffes étalées sur les femmes en toilette ? Sont-elles jolies ? — Non. — Elles déplaisent ordinairement à tout homme de goût. Les formes qu'on inaugure à chaque retour de mode sont grotesques et ridiculisent la personne qui les porte. Tant pis! Tout le monde s'en pavane, car toute la morale sociale consiste à *paraître*.

1.

Et quand, par hasard, l'ouvrier s'enrichit, il fait comme le bourgeois : il aime le faste, le qu'en dira-t-on ; comme le bourgeois, il veut nous en faire accroire et nous jeter de la poudre aux yeux, parce que toute cette vanité maladroite est au fond des mœurs et au fond des cœurs.

— Ne faut-il donc pas embellir les choses de la vie, pour la rendre moins triste?

— Je suis de votre avis. Mais pas n'est besoin de nous embellir à la manière des sauvages. Si nos femmes n'ont pas d'anneaux dans le nez, elles en ont aux oreilles et sur les bras et sur les doigts.

Pourquoi les femmes ne s'appliqueraient-elles pas à imaginer, à créer chacune le meuble de son goût, chacune la coupe de robe, la coiffure qui lui sied le mieux et ne les porteraient-elles pas pendant un certain temps de leur vie?

L'imprévu, le pittoresque nous réjouirait les yeux dans la rue, en même temps que la simplicité de l'étoffe rehausserait l'art de la décoratrice.

La toilette à la mode n'embellira jamais les femmes laides. Quant aux autres, elles se doutent habituellement peu que, plus elles seront simples, plus elles paraîtront belles.

C'est que la simplicité est la dernière chose dont on s'avise. Prenez un enfant à l'école : que de peine il aura avant de lire simplement.

L'esprit humain, dans cet enfant, comme dans l'humanité à différents âges, avant d'arriver au simple, qui est sa force, ch.rche longtemps la complication.

Et, nous sommes encore au moyen-âge.

De même que les gens du moyen-âge s'égaraient dans les spéculations mystiques de leur interminal..e théologie (réalistes, nominalistes, etc.), dans leur alchimie, dans leur astrologie, dans les bizarreries de leurs arabesques, aux cathédrales.

De même, l'industrie moderne s'abandonne au système bizarre du luxe et de la mode, dont l'expression se symbolise dans les arabesques des papiers points, et dans les ramages des robes de dames.

De la sorte, on se crée, à plaisir, des besoins

faux, qui n'ont aucun charme, mais qu'on préfère à ce qui est simple, en alléguant pour seule raison : «Cela a coûté tant ».

Car toute estime se mesure au prix de l'argent, pour les choses comme pour les hommes.

La grandeur humaine parmi nous ne se conçoit guère qu'avec la majesté d'un monument. Devant des portes élevées, de hautes tours, de longues rues, une sorte d'effroi confond le voyageur qui arrive.

De là vient que de tout temps, les dominateurs du peuple ont employé le monument comme prestige moral.

Vous tirez vanité de vos grandes tannières, et vous les appelez *de grandes œuvres d'art*. Mais la grandeur de l'art n'est pas dans ces tours de force, dans ces prétentieuses montagnes de pierre : elle est dans la simplicité.

« Le génie partout est simple », a dit Michelet.

J'entends dire : « Les bâtisses, le luxe ne « font-ils pas marcher le commerce ? »

La belle avance! S'ils nous maintiennent dans la barbarie.

En effet, comment la civilisation peut-elle se développer ? En développant dans chacun ses facultés naturelles : intellectuelles, morales et affectives.

Or, l'intelligence publique est atrophiée par les complications du luxe. Le producteur, accaparé, accablé sous son machinisme sans fin, par son fignolage, se déshabitue de penser ; et les femmes intelligentes, au lieu de mener à bien leurs lectures, et d'atteindre la prépondérance morale qui est leur rôle naturel dans la famille, gâchent leur temps au soin de tous ces colifichets, ces enluminures, ces minuties niaises, qui encombrent leurs logis, à toutes les préciosités, les fanfreluches dont elles s'attifent, sortes de joujoux pour l'amusement.

Bonnes dames sensibles, relisez donc la chanson de Thomas Hood.

Regardez dans la chambre enfumée, au milieu de vos nippes qu'elle coud, « les doigts « las, usés, les paupières alourdies, une femme « est assise, elle attire, attire, point par point, « l'aiguille et le fil, et elle chante d'une voix

« glapissante : Travaille, travaille ! Depuis
« que le coq a chanté au loin, jusqu'à ce que
« scintillent les étoiles par un coin de la fenê-
« tre, travaille, travaille toujours !

« O dames, la robe que vous porterez est
« tissée de l'intelligence de créatures humai-
« nes. Des points, des points, encore des
« points !

« Oh ! c'est être plus esclave que chez le
« Turc barbare, dont la femme n'a pas d'âme
« à sauver. Est-ce donc là un travail de chré-
« tien ?

« Avance ! Avance ! couds jusqu'au vertige,
« jusqu'à ce que l'œil se voile. Assemble
« galons, ourlets et doublure, doublure, our-
« lets et galons, jusqu'à ce que accablée, j'ar-
« rive aux boutons et les couse en rêvant.

« Ai-je le temps de soigner ma vieille mère
« et mes petits enfants chéris. O dames, vous
« avez aussi des mères et des enfants.

« Travaille en hiver, travaille au printemps,
« sans voir le ciel bleu sur ta tête, sans voir
« le gazon vert sous tes pieds. Pas une minute,
« pas un répit.

« Nul loisir pour lire, nul loisir pour aimer
« et espérer. Du temps, rien que pour souf-
« frir. Pleurer me soulagerait, mais sous
« l'aride paupière mes larmes doivent rester :
« leur amertume salirait la robe.

« Travaille, travaille, du lent tintement d'une
« heure au lent tintement d'une autre, comme
« travaillent les condamnés !

« Assemble galons, ourlets et doublure, dou-
« blure, ourlets et galons, jusqu'à ce que le
« cœur défaille, et que le cerveau s'engour-
« disse ». . . . . . . , ...
. . . .
. . . .

III

Des métiers utiles et des métiers inutiles. De la destinée humaine.

1

Il y a des hommes qui, leur vie durant,
chaque jour de travail, pendant dix ou douze
heures, tournent la même mécanique, font

faire à leurs bras toujours le même circuit, exécutent sans trève toujours le même manège, pour revenir toujours au même point.

On appelle cela, en un certain langage, *la merveille de la division du travail* ; et à l'encontre, un auteur plus sensé (1), a dit que cette division du travail « conduit à la dégradation. »

Il y a, en même temps des enfants dont, dès l'âge de 5 à 6 ans, on paralyse les membres, de la même manière qu'en Chine, on réduit les pieds des petites Chinoises.

Les voilà assis depuis cinq heures du matin jusqu'à huit heures du soir. Dans la journée, pendant trois quarts d'heure, ils sont dans la cour de leur prison. Voyez-les, traînant nonchalamment leurs chaussures, les mains dans les poches de leur pantalon. Ils ne jouent pas, quoique le conseil supérieur veuille les faire jouer; ils causent, et de quoi causent-ils? Gardez-vous de les écouter.

1. M. Ch. Perrin, *Essai sur la richesse dans les Sociétés chrétiennes.* Sismondi de même.

Pendant que leur corps se flétrit et se tord ainsi, leur sensibilité, leur jugement ont-ils progressé? Nullement. Ils s'émoussent, s'allanguissent, se déssèchent. Beau profit pour ces écoliers d'apprendre par cœur un certain nombre de formules, un certain nombre de mots qu'ils ne comprennent guère.

On les a ennuyés, exaspérés pendant dix ans. Hors des gonds, ils se précipitent vers le vice, comme à une consolation, et ils s'hébètent d'une autre façon que l'ouvrier des manufactures.

Donc, pour beaucoup de ces enfants, le genre d'éducation qu'ils reçoivent, les conduit aussi à la dégradation, ou du moins leur intelligence, au lieu de progresser selon sa loi naturelle, rétrograde.

Quelques-uns seulement ont fructifié : ils ont appris patiemment toute cette scholastique; les voilà bacheliers, licenciés, ils font une thèse. — Sur quoi? Sur des arguties, des subtilités, des minuties niaises à la manière des Allemands, ils cherchent, comme on dit, *la petite bête.*

Trop de complications, c'est simplifier qu'il

faudrait. La science est une bonne pâture, qui peut fortifier, agrandir l'intelligence ; mais cette science, cette littérature-là !

Voilà comment, attrapés, bon gré, mal gré, dans l'engrenage social, abrutis par notre éducation, nous ne pensons guère à nous arracher à cette force immense qui nous entourbillonne tous.

Avec une intelligence native, bon nombre de boutiquiers, d'employés, de bureaucrates, asservis à leurs chiffres, à leur paperasserie, s'étourdissent pour ne pas réfléchir à la raison d'être de nos destinées.

Sortis de leur bureau, ils n'ont à cœur que l'amusette.

Aux ouvriers intelligents, à la plupart des bourgeois, et à beaucoup d'autres dont le métier est d'avoir une plume en main, ce qui manque le plus, c'est la réflexion. Ils ne savent pas diriger leur attention, suivre une idée, ni écouter une explication.

Travailler est bien, réfléchir est mieux. C'est la réflexion qui nous a tout donné dans les sciences et dans les arts. A ce compte, le personnage le plus utile dans un Etat c'est le professeur de mathématiques.

Réfléchissons donc à notre destinée, et si nous en avons une, ce n'est pas d'être une machine mentale ou physique, c'est de développer toutes nos facultés originelles, au complet.

Or, dans bien des cas, l'excès de travail, le souci des affaires, l'entrain des plaisirs, réduisent à rien la culture des facultés intellectuelles, morales et affectives.

Qu'est-ce qui fait cependant notre suprématie sur les animaux sinon la multiplicité de nos aptitudes. Les cultiver est alors un devoir, et s'il en est ainsi, pendant qu'on enserre dans sa mémoire les éléments de toutes les sciences, on ne doit pas borner son action manuelle à une seule besogne mécaniquement uniforme, sorte de rapetissement, sorte de paralysie partielle.

La main de l'homme n'a pas été organisée pour un seul usage, comme la patte de beaucoup d'animaux, pas plus que l'animal herbivore n'a été organisé pour manger de la chair, ou le carnivore pour manger de l'herbe. Un homme intelligent qui ne perdrait pas de temps au jeu de billard, à la lecture du journal et aux cancans de toutes sortes, pourrait se multiplier bien diversement et plus utilement au physique comme au mental.

Et si les vocations naturelles étaient toujours exploitées, on arriverait à des résultats inattendus.

Un juge, que j'ai connu, réussissait la menuiserie, ayant les outils d'un ébéniste, et s'en servant habilement. Un autre magistrat était jardinier et se levait la nuit pour aller surveiller ses couches. Il y a des bourgeois qui sont forgerons (comme Louis XVI), maçons, tourneurs, par goût, par instinct.

Intellectuellement, quand on s'éloigne trop du point de départ, on ne sait plus où l'on va; quand on veut trop approfondir le même sujet, on languit, on s'use, on découvre de moins en moins.

Quand on varie ses travaux, on gagne au contraste, au changement d'aspect : l'esprit se rafraîchit, se renouvelle.

Que faut-il donc faire alors pour obtenir le meilleur développement des facultés ?

Faire travailler de ses mains l'homme d'étude (1), faire étudier l'ouvrier (2), et tout cela en variant les travaux le plus que faire se pourra.

De cette manière, le talent sera utilisé en son lieu, le talent que les socialistes tenant pour le quart d'heure le haut du pavé, ne font jamais entrer en ligne de compte, ignorant

1. « Sagacité, patience et ressources d'esprit dans les arts mécaniques. »

D'Alembert *Disc. prélim.* à l'*Encyclopédie.*

« Beaucoup de sciences des savants ne sont qu'un
« art mécanique, et quelle différence y a-t-il entre
« une tête remplie de faits sans ordre, et l'instinct
« d'un artisan réduit à l'exécution machinale. »

Ibid.

2. Nous croyons inutile de mentionner dans cet ouvrage le mode d'organisation, non plus que les méthodes d'éducation et d'apprentissage. Il nous suffira de dire que l'apprentissage réussit beaucoup plus souvent qu'on ne le suppose aux adultes intelligents et de *très bonne volonté.*

sans doute qu'il n'y a presque pas de métier indépendant d'une science appliquée.

Maintenant remarquons-le, si notre projet est jamais réalisable ce sera seulement dans une société où tous les métiers inutiles disparaîtront et où le temps usurpé par ce machinisme sera consacré à l'étude à l'aide d'une éducation mieux entendue qu'elle ne l'est actuellement.

Encore faudra-t-il compter sur les nouvelles machines qu'on inventera d'année en année pour remplacer le travail des bras.

C'est ici qu'il faut combattre la doctrine des économistes prétendant que les besoins se multiplient sans cesse et engendrent sans cesse de nouvelles industries. Ils s'émerveillent en outre de l'abaissement du prix des produits consécutif, d'où résulterait l'accroissement de la consommation (1).

1 L'abaissement du prix des aliments amène le frelatage. C'est ainsi que tout le monde aujourd'hui ne consomme plus que des aliments frelatés, et de

A cela nous répondrons que les besoins d'un homme sont bornés à la capacité de son estomac, à une somme fixe de vêtements suffisants, à une somme fixe d'habitation suffisante, eu égard à l'hygiène. C'est un chiffre qu'il n'y a nul avantage moral à dépasser, en multipliant les produits industriels. Le gaspillage, le papillonnage, et le temps perdu, ne sont pas de la bonne économie politique ou autre, et si chaque homme payait de sa peine propre la recherche de son vivre et de son habillement, il maintiendrait ses besoins à leur juste mesure. En outre, chacun deviendrait plus industrieux (1).

Avec les machines nouvelles l'esprit moins

plus en plus frelatés, beurre, café, vin, poivre, huile.

Nous n'aurons bientôt plus de nourriture qui ne soit empoisonnée.

V. l'article de la *Revue des Deux-Mondes* du 15 juin, 1883, et le *Dictionnaire des falcifications* de M. Baudrimont.

1. M. de Parville, dans un de ses articles, nous parle de machines électriques à cirer les souliers, à moudre le café. Pourquoi n'y en aurait-il pas bien d'autres analogues ?

enchevêtré recouvrerait son indépendance :
la vie morale prédominerait.

De même que pourrait faire un homme se
suffisant à lui-même, de même dans une
petite communauté se suffisant à elle-même,
quelque chose comme un couvent, on pourrait
constater les besoins, et y équivaloir la production, à mesure. Cette association tirerait
d'elle-même à peu près tout ce qu'on tire des
métiers.

Comparez ce qui arrive dans l'industrie
actuelle où la production se fait au hasard.
Les gens laborieux s'encouragent au travail,
en se traitant de *feignants*, on travaille, on
travaille.

Arrive un moment où les *besoins manquent :*
l'industrie s'arrête et l'ouvrier est sans
ouvrage. S'agit-il des industries de luxe, c'est
bien pire encore, parce qu'elles sont dépen-
dantes du caprice de la mode, d'un goût chan-
geant.

Tout autrement il en sera dans notre association, notre couvent. Mais mentionnons
encore cette clause : Il y faut une *sélection :*

nous n'y pourrons accueillir que des gens sérieusement pris du goût de l'étude et des réflexions solitaires, ce qui sera plus difficile à trouver que des gens disposés à abattre de la grosse besogne et à tout faire des bras, des jambes et des épaules.

Car pour beaucoup, ce temps conquis sur le travail manuel, comme une précieuse aubaine, deviendrait comme celui du dimanche dans les villes dont parle Proud'hon (1), « jour de « délassement insupportable, de vide affreux... « ils accusent la lenteur de ces heures impro- « ductives qu'ils ne savent comment dépen- « ser... Quand son compagnon chôme, l'âme « n'en va que plus vite... donnez un aliment « à sa dévorante activité.

« Tous les divertissements sont sans rap- « port avec le bien général, sans motif et sans « but. Ce n'est qu'une occasion de parade « pour les enfants et les femmes, de consom- « mation pour les marchands de vin, de flâ-

1. *Célébrat. du dimanche.*

« nerie, de danse, de fainéantise et de surcroît
« de débauche. »

Si c'est là tout le gain de la réduction des heures de travail physique, mieux vaut encore qu'il soit fabriqué des joujoux, des bijoux, des amulettes et des colifichets.

2

MÉTIERS UTILES.

1° *Cultivateur*. — Chaque fois que vous mangez du pain, vous devez songer aux laboureurs qui, la blouse mouillée tout le jour, retournent leur sillon, aux moissonneurs qui supportent le soleil d'été, tandis que vos villes vous abritent.

Chaque fois que vous rencontrez un cultivateur, vous devriez lui baiser les mains, comme faisait ce duc franc du vii° siècle, devenu abbé !

N'alléguez pas la réciprocité de l'échange; car ces hommes peuvent se passer de vos arts, et vous ne pouvez vous passer de pain.

Or, c'est en s'asservissant à la tyrannie de la terre pour se suffire à soi-même qu'on s'affranchit de la tyrannie sociale, pire.

2° *Métiers du fer, forgeron, fondeur (compris la fonderie des caractères)*.

3° *Imprimeur.* — Peu de livres à imprimer dans une petite république.

Beaucoup d'écrits de peu d'importance peuvent s'éditer à l'aide d'une presse à copier. Assez gros caractères des livres. D'où moins de peine pour la composition et ménagement de la vue des enfants.

4° *Fabrication des outils. Coutellerie. Machines-outils.*

5° *Machines à coudre. Ouvrages de précision, d'oculistique, d'horlogerie.*

6° *Charpentier.* — On supprimerait les meubles de luxe.

Sur un navire, il n'y a que des coffres, des chaises, des tables et des bancs fort ordinaires, et tout n'en marche pas moins bien.

Sciage des arbres, construction des maisons, charrettes, etc.

7° *Faïences et poteries.* — Verreries grossières, bouteilles et vitres.

8° *Vêtements et tissus.* — Foin de la dentelle, de la broderie, du galon, du clinquant.

Les tissus se pourraient fabriquer dans la famille, comme aux temps héroïques.

Sans filer au rouet la laine et le lin, on pourrait employer de petites bobines mues par un petit moteur électrique. On chercherait à perfectionner, non plus la grande machine de manufacture, mais le métier de la famille, l'ancien métier à bras usité encore, il n'y a pas longtemps.

9° *Maçonnerie. Taille des pierres et briqueterie.*

10° Industries chimiques parmi lesquelles la métallurgie.

La plupart des industries chimiques ne sont qu'affaire de science, à seule fin d'obtenir un *résultat suffisant sur une petite échelle.*

L'honorable M. Girard, au Conservatoire, fabrique du sucre, de la bougie, du beurre, de la fécule, du charbon, du papier, tanne le cuir, extrait des huiles, etc.

Bon nombre d'industries ont trop de complications, de fignolage, eu égard au mince résultat qu'on obtient ainsi. Il faudrait revenir à l'Encyclopédie, et remettre à la mode beaucoup de procédés en usage au XVIIIe siècle.

Grande perte de temps par l'exagération du va-et-vient. Tâchez de produire le plus possible sur votre sol, d'en tirer le plus de parti que faire se pourra. Usez du moins de charrois, du moins de trains de chemins de fer que possible.

———————

Bannirez-vous, comme Platon, les poètes de votre république, et les artistes du même coup?

— Le premier devoir d'un réformateur, c'est de viser à la moralisation publique par l'exemple, par la prédication, par les bonnes lectures. C'est seulement quand les hommes seront moralisés qu'on pourra choisir entre l'art, la poésie qui élèvent, et la poésie, l'art qui ne sont qu'un passe-temps, et que, par cela même, nous devons éliminer, de la même façon que le luxe.

Nous ne pouvons pas empêcher un artiste, un poète, un philosophe, de composer telle et telle œuvre, de s'appliquer à telle ou telle recherche, selon son génie. Mais nous pouvons n'admettre dans notre société, dans notre secte, que les artistes et les philosophes ayant à cœur la moralisation publique, l'élévation des caractères et des sentiments (1). L'art moral seul est utile. Il n'y a pas que le pain qui soit utile. Si l'homme ne vivait que de pain, sa destinée serait semblable à celle des autres animaux. Mais sa destinée est autre : observez l'homme primitif.

Quand il est parvenu à pourvoir à ses pre-

1. Un auteur du xviii° siècle a écrit :

« Je veux voir le peuple instruit, pour ne pas
« rencontrer parmi les ouvriers (je ne dis pas tous
« les ouvriers mais un certain nombre), des paroles
« brutales, des propos cyniques, des *manières défian-*
« *tes* et un certain vide de pensées ; pour rencontrer
« sur mon chemin plus d'intelligence, partout de la
« politesse et de la conversation. »

L'instruction la plus savante n'amène pas cela, si l'instruction morale fait défaut. Ainsi, les petits bourgeois qui sortent du collège sont tout aussi peu convenables que les enfants du peuple. L'étude aride peut aiguiser l'esprit, elle n'élève pas l'âme, pas plus que le travail des bras.

miers besoins par son troupeau, par son gibier, il a des loisirs et sa curiosité s'aventure à quelque recherche. Il représente des images sur ses poteries, sur les murs de sa grotte, il découvre l'astronomie, la musique, l'écriture, il navigue sur une pirogue, il danse, il imagine la poésie.

Pourquoi et comment fait-il toutes ces choses? C'est afin de suivre son instinct, sa loi naturelle, sa destinée.

Seulement à une époque plus tardive arrivent les métiers. Ils sont dévolus aux esclaves (1) à qui on ne permet pas de penser. Après eux, les gens de métier claquemurés par la loi civile, l'état social, s'engourdissent dans leur labeur uniforme pendant des siècles, pour aboutir, comme résultat ultime aux grandes expositions universelles « ces foires « aussi prosaïques que prétentieuses » à la critique desquelles Renan disait :

« Quel poème ou seulement quelle strophe « a pu jaillir du froid contact de tant d'intel-

1. Œuvres serviles.

« ligences et de cœurs glacés par leurs sordi-
« des pensées » (1).

Avec le travail exagéré de notre siècle, la poésie populaire a disparu, là où elle était depuis les anciens âges, comme une fleur vivace dans un sol trop piétiné.

En Bretagne, les meuniers, les tailleurs étaient des poètes et ne le sont plus. Aux environs de Paris, dans le Valois, Gérard de Nerval a recueilli les derniers vrais chants populaires. Dans le même pays, à cette heure, on grince des chansons de café-concert.

Et cependant, la poésie n'est qu'engourdie au fond des cœurs : c'est un besoin naturel.

Pourquoi un livre comparable à bien d'autres, et qui donne tant de prise à la critique, a-t-il eu tant de vogue pendant près de quinze siècles ? C'est qu'il a une poésie (2).

Il faut de la poésie, il en faut toujours, parce qu'elle est nécessaire au perfectionne-

1. Article du *Journal des Débats*, en 1855.
2. « Il n'y a pas de religion sans poésie ».
PROUD'HON. *Célébration du dimanche.*

ment moral, et le perfectionnement moral,
c'est la loi de l'humanité, c'est la philosophie
de l'histoire.

L'homme a utilisé les animaux avant d'inventer les machines parce qu'il a été peu fait pour le travail physique. Il faut donc chercher ailleurs sa véritable destinée.

« Ce qu'il y a de plus grand dans la cité,
« c'est *l'homme* lui-même : il en est la fin.
« Nous admirons les palais, mais l'ouvrier qui
« les bâtit est plus grand que les palais.

« Vous parlez de la prospérité de vos vil-
« les, je ne connais qu'une véritable pros-
« périté. L'âme humaine grandit-elle et pros-
« père-t-elle ?...

« De tous les beaux-arts, le plus grand est
« l'art de former de nobles modèles de l'hu-
« manité. Les plus magnifiques produits des
« manufactures ne sont rien auprès d'un indi-
« vidu sage et bon.

« Ne me montrez pas vos belles rues où la
« foule se pousse. Car je vous demanderai :
« qui la pousse, cette foule ?

« Est-ce une cohue vile, égoïste, méprisant

« l'humanité ? Les femmes que je rencontre
« sont-elles des prostituées ? Dans le voisi-
« nage de vos commodes demeures y a-t-il des
« retraites où habitent le crime, l'intempé-
« rance brutale, l'impiété, la dissolution, la
« tentation épiant la jeunesse imprudente ?...
« Votre prospérité alors n'est qu'une parade.
« Le véritable usage de la prospérité, c'est de
« rendre un peuple meilleur (1). »

1. Channing. Traduction Léon Montigny.

IV

La communauté.

Dans notre société, fondée pour le libre développement des facultés de chacun, il ne peut venir que des gens s'unissant d'un commun accord, de propos délibéré, susceptibles de s'entendre, de bien se connaître, de vivre en frères, par conséquent meilleurs que le commun des mortels.

Ajoutons que, dans cette société choisie, la communauté de biens, le communisme, serait à désirer. C'est le rêve des belles âmes, telles que furent Platon, Pythagore, Saint-Jean Chrysostome, Pélage, Arnaud de Brescia, Campanella, Thomas Morus et... Jésus.

Voyons dans l'histoire ce qu'en a été la pratique.

A une époque ancienne, à Sparte, on partagea les biens également entre les habitants.

Cent ans après, l'inégalité s'était reproduite mieux que de plus belle.

Qu'on fasse un pareil partage révolutionnaire parmi nous, et cela tournera de même par la suite. Car nous sommes sûrement aussi mauvais que les gens de ce temps-là.

Dans l'Évangile, la haine du riche et la glorification du pauvre sont prêchées comme dans nos réunions publiques.

L'État social ne se conçoit guère qu'en tant que communisme, et cela sans contredit :

« Or, la multitude de ceux qui avaient cru
« n'était qu'un corps et qu'une âme, et per-
« sonne ne disait que ce qu'il possédait fût à
« lui en particulier, mais toutes choses étaient
« communes entre eux. »

Act. IV, 32.

Conformément à la parole du Maître :
« Quiconque ne renonce pas à tout ce qu'il
« a, ne peut être mon disciple. »

Luc, XIV, 32.

Et comme témoignage postérieur, voici ce qu'a dit Jean Chrysostome :

« Chez les chrétiens qui se convertirent à
« la voix des apôtres, l'égalité la plus parfaite
« régna constamment. Ils se traitaient entre
« eux comme fils de la même famille, qui sont
« égaux entre eux dans la même maison
« paternelle... ils prenaient indistinctement·
« comme les autres dans le trésor commun
« de la société. »

Même témoignage dans saint Basile; saint Ambroise ; saint Justin.

« La vie commune est obligatoire pour
« tous les hommes... Ceux qui ne travaillent
« pas n'ont pas le droit de s'asseoir à la table
« commune. »

Saint Clément, lettre aux Frères de Jérusalem.

Il y aurait une certaine naïveté, peut-être même une certaine mauvaise foi, à vouloir de nos jours décréter pour le gros public le communisme, ou tout autre système socialiste, dès l'instant où on considère comment les chrétiens (qui ont l'Evangile entre les mains et qui le lisent) ont torturé, perverti leur doctrine, et se figurer que toute doctrine analogue n'aurait pas, dans un temps donné, le même sort.

Si l'inégalité, qui a pour point de départ le mépris d'autrui, l'empiètement égoïste, est dans le cœur de l'homme, elle se reproduira quand bien même : toutes les lois agraires n'y feront rien.

La tyrannie se relèvera sans cesse sous une autre forme. Les loups s'attroupent à la poursuite d'une proie, ils s'entredévorent ensuite.

L'égalité, la communauté ne s'est donc jamais maintenue ?

— Si, dans les couvents primitifs.

V

« Apprenez à mépriser les choses extérieures, et à vous
« donner aux intérieures, et le royaume de Dieu viendra à
« vous ».

Imit. Liv. II, chap. 1.

Le couvent.

A qui de vous un jour d'injure, de calomnie,
d'intrigue ourdie dans votre entourage, n'est-
il pas arrivé de promener les yeux dans le
lointain et d'y chercher un refuge où vous
seriez séparé de ces hommes vils et méchants.

Vivre dans notre monde, c'est dur pour qui
a l'âme haute. Mais là-bas, sur la colline, un
groupe d'habitations s'aperçoit.

Par la porte entr'ouverte, regardons en
dedans des longs murs. N'est-ce pas qu'on se

sent bien ici? L'odeur des fruits qui pendent aux arbres dilate la poitrine et nous entraîne aux idées heureuses.

Quel calme! Comme le vent qui fait osciller les foins est plus doux qu'ailleurs.

Sans doute, dans le couvent, il y a des hommes meilleurs, des frères, ayant un bon sourire, une voix harmonieuse et pénétrante, avec qui, dans le calme, vous pourriez vous consoler.

Ils s'humilient tous ensemble: là, plus de vanité, d'intrigue, d'envie.

Chez nous, tout se règle par l'argent, mais là-bas, il y a une autre règle où il est dit: Tu ne désireras rien, tu prieras tant d'heures par jour, tu mendieras pour tes frères, tu jeûneras.... et tu ne posséderas jamais rien.

Les moines d'aujourd'hui sont-ils tels? Je n'oserais le dire. Mais tels étaient les moines primitifs.

C'est sur eux qu'il faut prendre modèle.

Nous n'avons pas la même foi. Il n'importe. Seulement rappelons-nous bien qu'une communauté ne subsistera pas sans de la vertu et la conception d'un idéal.

« A une démocratie nouvelle, a dit Edgar
« Quinet (1), il faut une nouvelle religion. »
Ayons cette religion.

Or, en cherchant parmi les anciens moines
notre modèle, remarquons que s'ils étaient
meilleurs que les autres hommes c'est que le
couvent choisissait son monde (Voilà un exemple à suivre pour les futurs réformateurs).

Noviciat. — On laissait pendant 4 ou 5 jours
le postulant frapper à la porte, sans lui ouvrir.

Le cinquième jour, on l'admettait dans la
maison des hôtes, et seulement quelques jours
ensuite, au noviciat.

Alors, un ancien religieux étudiait sa voca-
tion, son caractère, lui parlait des difficultés,
des humiliations.

Après deux mois encore, s'il persiste, on lui
lit la règle : « Si tu ne peux pas l'observer,
« pars en toute liberté. »

Cette scène se reproduit trois fois pendant
l'année de noviciat.

1. Lettres.

Autre remarque. Si les moines primitifs étaient meilleurs que les autres hommes c'est qu'ils avaient renoncé à l'ambition, à l'amour-propre, à la personnalité (1), pour vivre dans la simplicité ; c'est qu'ils avaient adopté le genre de vie préconisé dans notre troisième chapitre.

« Une belle et mâle école, c'est celle de
« Châlons. L'enfant, six heures debout, tra-
« vaille du bras et de la main, six heures
« assis, il dessine, il calcule, il étudie. Cela
« fait des hommes forts, intelligents, qui se
« plaisent au travail. »

(MICHELET, *Nos fils*).

Analogie avec la règle de Saint-Benoît :
7 heures de travail manuel.
2 heures de lecture.

1. « Si quelqu'un se glorifiait de son métier, à cause
« du profit qu'en tirait la communauté, on le faisait
« changer de métier, jusqu'à ce qu'il se fut humilié. »
(Montalembert, *moines d'occident* II, p. 52.

Saint-Benoît ne veut pas de longs chants d'Eglise : « Une oraison mentale courte. »

Aux prières trop longues, l'esprit divague et s'engourdit.

Et c'étaient là de durs ouvriers ! Que de landes incultes, de pays déserts, sauvages, ils ont défrichés ! Que de monastères, avec leurs fermes et leurs greniers, ils ont bâtis !

Il y a dans leur histoire de quoi charmer de plaisir de fond en comble les plus féroces dévorateurs de bourgeois d'aujourd'hui.

Les patriciens, les sénateurs avaient jeté leur robe de pourpre pour travailler, vêtus de peaux de bêtes, couchant sur des nattes de jonc, côte-à-côte avec d'anciens esclaves (1).

« Ils ne sont véritablement moines que s'ils « travaillent du travail de leurs mains comme « nos pères et les Apôtres. »

« Travaille, pour avoir droit de manger. »

Op. cit., T. II, 45.

1. « Il ne faut pas que les ouvriers admis dans les « monastères restent oisifs, là où l'on voit travailler « de leurs mains les sénateurs. »

Saint-Augustin, *de opere monachorum.*

En conséquence, ils étaient cultivateurs, charpentiers, maçons.

Un monastère, « comme une ville assiégée, « devait avoir un moulin, une boulangerie, *des* « *ateliers divers.* »

Reg. S. Ben., Cap. 62.

Quel phalanstère, quelle Icarie a jamais fonctionné comme celle-là ?

Hélas ! c'est le martyrologe des réformateurs de lutter en vain contre l'imperfection humaine.

Ils avaient rêvé, eux, la perfection sociale par l'interdiction de la propriété individuelle.

« Tout recevoir à titre d'usage, ne rien pos- « séder en propre. »

Reg. S. Ben.

Quel fut le résultat ? C'est que la propriété collective capitalisa d'autant mieux, s'accrut outre mesure.

Et il se fit tout le mal que peut faire beaucoup d'argent.

Au xiiiᵉ siècle, François d'Assise, réagissant, proscrivit dans sa règle la richesse collective et

défendit à ses moines mendiants de rien recevoir en or ou argent.

Les capucins ne sont-ils pas riches tout de
même.

Les règles ne font rien, pas plus que ne
ferait le remplacement de nos institutions exis-
tantes par celles de la grande révolution sociale.

Les religieux d'aujourd'hui sont des hommes
d'argent. Le moine en renom réclame, au profit de son ordre, 800 francs et plus pour un
sermon prêché dans une ville de province.

Les pères jésuites, qui sont de grands spé-
culateurs, ont entrepris, parmi leurs fidèles une
campagne contre les Juifs. Pourquoi ? — C'est
facile à comprendre : afin que, les Juifs chassés,
eux deviennent les maîtres du marché, sans
contrepoids. Alors, on en verrait de belles en
fait de socialisme chrétien. Nous deviendrions
un Paraguay.

VI

« Nous pleurons, ô prêtres, mes frères,
« Mêmes larmes par cette nuit,
« O vous, pauvres célibataires
« Qui priez en face des pierres,
« Dans vos églises de granit.

E. Iv. (inédit).

Contre-partie. Le célibat.

Saint Benoît l'a bien dit : Le plus grand obstacle à la communauté des biens, à la vie égalitaire, c'est la famille. Car, dès l'instant où un adepte s'intéresse à sa famille, c'est au détriment de la communauté.

Or, la simonie exclue, la pauvreté des premiers moines ramenée, le couvent, ce charmant refuge, a encore contre lui le célibat.

— Quoi ! Ce célibat n'est-il donc pas une garantie d'égalité ?

— D'accord. Mais périsse l'égalité si elle est à ce prix.

— Quel procès faites-vous donc au célibat? A l'exemple de Diderot, dans sa *Religieuse*, soutenez-vous cette thèse que là où sont des personnes enfermées les unes sur les autres, il naît des passions monstrueuses, comme cela arrive dans les collèges, sur les navires et dans les bagnes ?

— Nullement. Avec l'ex-père Hyacinthe (*experto credite*), je crois qu'il y a beaucoup de vertus dans notre clergé régulier.

Mais : 1° le célibat rend malade.

La plupart des prêtres, arrivés à l'âge de 40 ans, sont des malades. La maladie du célibat, peu étudiée depuis le Dr Lallemand, n'est guère décrite, parce que les médecins cléricaux la dissimulent par esprit de coterie.

Ces belles dames pour qui la religion est un des plus doux passe-temps ont-elles jamais songé à ce que souffrent et ont souffert ces pauvres prêtres, leurs joujoux, dont elles prennent le célibat sous leur égide ?

D'ailleurs, se faire un malin plaisir de se

torturer en l'honneur de la divinité, ce n'est pas une œuvre pie.

Comme si le mariage n'était pas aussi un holocauste, et s'il n'était pas agréable à Dieu qu'on fut bon fils, bon époux, bon père et qu'on multipliât ses vertus en multipliant ses enfants.

N'est-ce donc rien pour la femme qu'elle affronte les périls de la maternité, qu'elle soit en éveil, jour par jour et nuit par nuit, autour des petits enfants besogneux ? Cela n'est-il pas plus sublime que de s'épuiser en interminables prosternations et en dévotions machinales ?

Le religieux qui marmotte sans cesse les mêmes paroles et qui chante sans cesse le même chant, devient un moulin à prières, comme celui des Thibetains. Pratiques barbares qui nous viennent des Grecs (1) (comme tout ce qui est mauvais dans la religion), et des fakirs de l'Inde.

1. Platoniciens et Manichéens. « Ces mortifica-« tions indiscrètes, qui ruinent le corps, sont un « sacrilège attentat contre le temple de Dieu », a dit saint Bernard.

2° Le célibat porte au désespoir ou dessèche le cœur.

Il est dans la destinée humaine qu'on doive agrandir son cœur à mesure qu'on agrandit sa vie. Notre vie est un mouvement qui doit multiplier et projeter autour de nous les affections.

Souffreteux, et toujours rappelé à lui-même par ses souffrances, le prêtre célibataire prend en dégoût l'humanité.

N'ayons donc pas un couvent avec des adeptes célibataires, qui soient gens malades, c'est-à-dire impropres au travail, désespérés ou insensibles et durs :

A une communauté moderne, il faut pour fond la famille.

Or, la famille du temps des Romains n'était pas de même essence que pourrait être la nôtre.

L'amour, a-t-on dit, est moderne et ne date que de notre siècle.

Cette affection pure, platonique et désintéressée, idéale, religieuse, avant notre âge, on ne l'a pas connue.

C'est au moyen de ce nouveau genre de mysticisme que doit s'élever notre nouvelle Jérusalem.

———

VII

La commune.

A l'imitation d'un couvent dont on élimine-
rait le célibat, aurons-nous donc une communauté où tous les adeptes dépendant de « la
marmite claustrale », dîneront au réfectoire,
parleront au parloir « flanteront au flantoir,
« tousseront au toussoir mélodieusement, res-
« veront au resvoir (1) ? »

Fi ! « Votre communauté me soulève la
bile », comme dit le poète.

Ce régime ne conviendrait pas à des famil-
les réunies.

— Ce serait donc alors un village quelconque, une petite commune à l'image de celles

1. Pantagruel, III.

que M. de Polignac songeait à organiser lors de sa chute (et, à ce compte, la révolution de Juillet aurait été un malheur public)?

— Peut-être bien. Il y a même, paraît-il, près de Paris, une commune *organisée* d'une certaine façon, avec la communauté des biens. Tous les habitants y sont de la même famille. L'aîné de la tribu en est le chef. C'est l'ancienne coutume du Nivernais (1).

La communauté précitée est très riche.

Hors du catholicisme, et avec le mariage, il ne manque pas non plus de communautés où l'égalité est établie entre tous. Ces communautés sont aussi très riches.

Le communisme est donc un bon moyen pour amasser des richesses.

1. De même les Gräuzer, Slaves du Sud de l'Autriche, la Zadronga en Servie, en Russie encore, et dans l'Afghanistan.

Disons aussi qu'au VII° siècle, en Ecosse, le clan tout entier se faisait monastère avec son chef pour abbé.

Anciennement, dans l'Attique, la propriété était *familiale*, non individuelle.

C'est la fable du vieillard à son lit de mort qui met les baguettes en botte, pour montrer à ses fils la force de l'union.

Citons, aux Etats-Unis, la secte des perfectionnistes qui a une maison-mère et des succursales, prospère, et vit sans querelles.

Or (que les fondateurs de cités nouvelles y réfléchissent) à cause des querelles, beaucoup d'entreprises semblables avaient échoué : Harmonia, New-Lanark, Book-Farm, Nauvoo.

Chez les Perfectionnistes on choisit son monde, on refuse chaque jour des admissions (1).

En résumé, toutes ces associations communistes, de même que les Spartiates, que les congrégations catholiques, sont une aristocratie dans la société générale. Leur richesse les empêchera de vouloir vivre selon la vie simple, et d'admettre une petite société qui se suffise par elle-même, et pour elle-même.

Nous pensons donc à *organiser la commune*, conformément au vœu de M. de Polignac.

Pareillement aux couvents primitifs qui

1. Hepw. Dixon, New America.

avaient leur moulin, leur four, leur pressoir, etc., que la commune ait encore dans ses murs sa petite fonderie, sa petite forge.

Pourquoi ces paysans ne seraient-ils pas, en petit, aussi habiles que les ouvriers des grandes manufactures ?

Pas n'est besoin d'avoir l'excès d'outillage de notre industrie actuelle, pas plus qu'il n'est besoin, comme dans les couvents primitifs, de réduire l'outillage jusqu'à la plus sotte misère.

Peine inutile ! Vous rencontrerez là une classe de gens têtus et hargneux qui regimberont. C'est la classe intermédiaire à la bourgeoisie et au peuple où l'empire cherchait son appui et où il recrutait ses fidèles pompiers, celle que Gambetta (qui la recherchait aussi) appelait *les nouvelles couches sociales*.

En blouse comme les autres, et tutoyant tout le monde, ils mènent le village sans qu'il s'en doute.

C'est eux qui s'attachent fortement au *bon vieux train des choses*, si cher du reste à presque tous les Français, c'est eux qui se vantent de ne pas savoir grand chose, en ajoutant : « J'ai fait tout de même ma petite « affaire », c'est eux, aux environs de Paris, qui ne veulent pas des *écoles*, parce qu'elles raméneraient *la commeune*.

Affranchis de la misère, ils ont la satisfaction de l'estomac, et ne comprennent pas le moindre idéal. C'est un foyer d'athéisme ou de catholicisme abruti.

N'allez pas leur dire que l'homme ne vit pas seulement de pain, ni leur citer la parabole des oiseaux du ciel qui ne travaillent ni ne filent.

VIII

La colonie.

Passez les mers.

Par là-bas la terre ne vous manquera pas.
Elle sera bien plus fertile, et vous n'aurez plus
nos lois draconniennes.

Ne regrettez pas ce climat pluvieux et froid,
ce sol usé qui rapporte à tant de peine.

Le monde est grand, et il y a maints pays
où la terre n'appartient à personne. Colonisez,
comme les premiers Grecs, comme les Français
du xviiᵉ siècle, comme les quakers et W. Penn.

Il y a, aux Etats-Unis, de bonnes terres en
friche, que le gouvernement ne vend pas cher,
dans la Louisiane, au Bâton-Rouge, sur le
Bayou-Crocodil, et la rivière de Calcasieu, au

Canada, dans l'Ouest, dans l'Amérique du sud, sur les bords de la Plata.

Là, vous serez en France puisque beaucoup de monde y parle français. C'était autrefois le grenier à blé des colonies espagnoles.

— Mais avant d'émigrer, il faut posséder des instruments aratoires, réunir le premier capital d'exploitation, et nous n'avons rien.

Irons-nous les demander au gouvernement français comme cela s'est fait pour l'Algérie?

— Il ne faut pas trop y compter, et l'Etat ne vous doit rien, pas plus que vous ne lui devez quelque chose. Pourquoi n'imitez-vous pas les congrégations religieuses? Tous les jours elles multiplient leurs fondations, tous les jours elles acquièrent, sans avoir eu d'abord le premier sou. Comment font-elles?

Elles demandent l'aumône aux personnes pieuses. Cela vous humilierait d'en faire autant?

Trouveriez-vous plus digne de confisquer le bien d'autrui à votre profit, sous prétexte que « la propriété c'est le vol »?

Soyez humbles, si vous êtes simples. Les phalanstériens autrefois ont mendié.

Pourquoi n'arriverait-il pas à vous ce qui est arrivé aux Saint-Simoniens, ce qui est arrivé aux chrétiens primitifs?

Ne voyons-nous pas tous les jours des hommes et des femmes qui donnent leurs biens pour entrer en religion?

Pourquoi n'y aurait-il pas en même temps des gens dégoûtés de la niaiserie de la vie bourgeoise et qui cherchent une société meilleure en dehors du catholicisme?

Toutefois, pensez-y, pour que ceux-là viennent à vous, il ne faut pas que dans votre société nouvelle ils rencontrent les mêmes bonshommes que dans la vieille société, des gens grossiers, brutaux, intéressés et sans conscience, car alors, ils rebrousseront chemin : c'est bien naturel.

Je connais un couvent où tous les jours de l'année, deux religieuses vont mendier pour leur ordre, de maison en maison, de quartier

4.

en quartier, et elles ne reviennent pas les mains vides, je vous en réponds.

Rien n'est tel que de mendier : il y a des mendiants qui meurent avec cent mille francs dans leur paillasse.

IX

« Aujourd'hui, faut avoir du vice »
« Aujourd'hui, c'est au plus malin »
« Chacun pour soi »
« Défendez-vous comme je me défends »

Maximes de morale courante.

« Les hommes ne vivraient pas longtemps en société,
« s'ils n'étaient les dupes les uns des autres. »

LA ROCHEFOUCAULD, *Maximes.*

Du socialisme à la mode.

Le socialisme préconisé par les journaux actuels, peut-il nous prêter la main?

En aucune façon.

Beaucoup d'ouvriers des villes ne porteraient pas tant d'envie aux bourgeois (qu'ils singent en tout ce qu'ils peuvent) s'ils n'ambitionnaient pas tant de vivre de la même manière, sans simplicité (1).

Au lendemain de la *révolution*, ce sera la pierre d'achoppement. Ils me font rire quand ils supposent bonnement qu'alors, tout comme devant, il pourrait y avoir encore de grandes maisons à sept étages et de grandes manufactures.

Leur système de socialisme par corporation peut fonctionner : il fonctionne de-ci de-là. Ces associations ont toujours le tort d'avoir des intérêts différents, et par conséquent d'être rivales. Quoiqu'il en soit, avec un peu de bonne volonté, elles auraient pu être beaucoup plus nombreuses, si on pensait à autre chose qu'à la grande révolution sociale... qui va venir.

Qu'elle vienne : à une société fondée sur la force succèdera une autre société fondée sur la force, et l'humanité n'y gagnera rien.

1. « Cela (l'excès des toilettes), descend dans les « classes inférieures par imitation, par esprit d'éga-« lité. Chacune veut avoir les mêmes toilettes que les « autres. »

Dupin, *Luxe effréné.*

Qu'à un patron quelconque succède une *commission de travail* et *d'échange,* que les chefs soient d'origine noble, bourgeoise ou ouvrière, ce sera toujours les mêmes bons-hommes, pas meilleurs.

— Mais s'il n'y avait plus de maîtres, plus de gouvernement du tout?

— Vous en figurez-vous bien la possibilité, avec beaucoup d'ouvriers comme il y en a dans les grandes villes, très personnels, très vaniteux, jaloux, dénigrant les camarades, par conséquent insociables?

Remarquez donc la frivolité de cette foule, quelle qu'en soit la condition sociale. Leur esprit est arrêté dans son développement. Ce ne sont là que des enfants.

Il leur faut des jeux comme aux enfants, (c'est ainsi qu'à Paris, il y a trente ans, on comptait 27,711 billards publics et 3,127 particuliers).

Ils ont le ricanement niais des enfants à l'égard des gens qui passent. Comme les en-fants, ils sont dominateurs, ils ont l'admira-tion de la force brutale, ils se jalousent, ils se querellent pour un rien.

Or, aux enfants en classe, il faut un *pion*.
— Donc, pour faire des hommes, on devra avoir recours à l'instruction de la jeunesse, *l'instruction intégrale ?*

— Avez-vous jamais mis en compte combien il y a d'enfants éducables ?

Pas seulement la moitié, dans une classe quelconque. Quand l'autre moitié sait lire, si elle reste sur les bancs, elle perd son temps. L'éducation ne peut suppléer à la nature. Elle cultive la bonne terre, mais non pas la terre infertile.

Certes, la destinée des hommes n'est pas, dans la suite des âges, d'être toujours une machine animée. Ils se perfectionneront de plus en plus, de génération en génération, par croisement. Mais mieux vaut encore pour les incapables être une machine qui tourne comme elle fait que d'être une machine qui tourne à vide.

La formule ordinaire des révolutionnaires est celle-ci : « Ramener la propriété indivi-
« duelle à sa seule source légitime : le tra-
« vail ».

De quel travail s'agit-il ? Si c'est de quelque bibelotage, ce travailleur là est moins utile à l'humanité que le bourgeois qui pense et lit, en profitant de son héritage.

Et c'est ici que voici venir un autre écueil, au lendemain de votre révolution. Vous ne pourrez faire tenir ensemble les lettrés et les hommes de peine.

Jamais je n'ai pu persuader aux ouvriers (parmi lesquels j'ai vécu pendant ma jeunesse), qu'un homme assis, lequel remue une plume, peut travailler autant qu'un autre qui remue une pioche ou un marteau. « Pendant que « nous suons sang et eau au vent, à la pluie, « ce feignant-là est à l'abri et ne bouge pas. »

Je crois qu'ils admettront peut-être bien que le petit journaliste *engueuleur* qui s'attrape aux personnes travaille pour de bon.

Mais le penseur, le chercheur, mais l'inventeur qui réfléchit sans cesse, tant qu'il n'aura pas trouvé !

Croyez-vous qu'il consentira à soumettre son génie à votre opinion tracassière, tyrannique qui le dégraderait ?

Vous affectez de n'avoir en présence que le capital et le travail manuel.

Mais il y a encore ce troisième élément de la trinité économique.

Force vous sera de sacrifier le talent, et alors y aura-t-il une industrie encore possible, y aura-t-il encore une civilisation?

X

« Quand les hommes s'aiment entre eux, ils n'ont plus
« besoin de justice, mais ils ont beau être justes, ils ont encore
« besoin de l'amitié. »

Aristote, Politique, VIII, 1, 4.

« On n'aime que soi, on rapporte tout à soi, et qu'est-ce
« que cela, sinon le renversement de la société ? Car la
« société consiste dans l'amour des autres, et dans le dévoue-
« ment que produit cet amour. »

Lamennais, Indifférence, Tome II, Préface.

« L'amitié n'est autre chose que le parfait accord des
« âmes sur les choses divines et humaines. »

Cicéron, de l'amitié.

Du contrat social et de l'amitié.

1

S'il y a des mœurs publiques à réprouver
comme anti-sociales, ce sont celles de ces
anciens Grecs vindicatifs, ennemis de cité à

5

cité, et dans chaque cité, jaloux de leurs grands citoyens, guerroyant, s'assassinant de faction à faction.

C'est cependant à eux qu'on a été emprunter ces théories de raison d'Etat qui nous régentent et qui nous oppriment.

Rousseau, après bien d'autres, en a tiré son *Contrat social*, que Robespierre savait par cœur.

C'est là la grammaire de l'*École du despotisme* qu'ont illustrée L. Blanc et bien d'autres socialistes avant les nôtres (1).

De l'organisation politique, comme de la formation des métiers, « le hasard seul a dis-

---

1. « C'est le socialisme d'Etat gouvernemental, dic-
« tatorial, autoritaire, ayant pour principe que l'indi-
« vidu est essentiellement subordonné à la collectivi-
« té... que le citoyen appartient à l'État... qu'il lui doit
« obéissance en toute chose... l'olice inquisitoriale...
« tyrannie anonyme, où les sujets médiocres auront
« la prépondérance, où les citoyens capables seront
« déclarés suspects. »

Proud'hon, capacité politique des classes ouvrières.

posé », à tort, à travers, sans le moindre principe raisonnable.

On n'en a pas moins formulé d'après le fait existant, une science de la politique, de la même façon, que pour les métiers, on a formulé une science de l'*économie industrielle.*

Où est-il donc ce contrat?

Un contrat, cela s'écrit, et ce n'est certes pas moi, ni bien d'autres, qui aurions accepté de le signer jamais.

Eh ! quoi, me voilà uni malgré moi, à des gens qui me coudoient, qui me déplaisent, que je méprise, que je déteste, et s'il me répugne de vivre avec eux, vous êtes bien osés de venir dire qu'il y a un consentement *tacite* et que je suis forcé d'accepter bénévolement toutes leurs tyrannies.

Rousseau ramène la morale sociale à la notion du devoir et les philosophes de la Sorbonne ramènent le devoir à la recherche du bien, ou autrement dit, de la perfection.

Où est-elle donc, cette perfection ? Cette perfection, ce sera de frayer avec les pervers, pour en subir inévitablement la délétère influence, et, malgré nous, nos enfants seront élevés avec ces exemples·là devant les yeux, sous prétexte d'éducation civique.

Votre contrat social, votre loi, vous regrettez qu'elle ne soit plus confondue avec la religion, comme il en était dans l'antiquité classique.

Mais c'est là l'acte le plus admirable du christianisme primitif, des premiers monastères. En séparant de l'Etat la religion, ils ont inauguré cette doctrine que par ce moyen on doit séparer les bons des méchants.

2

Ainsi le droit de la société sur l'individu n'est jamais qu'illusoire et factice.

Aussi, pour ne pas convenir qu'elles ne sont que des fantaisies et parce qu'un rien pourrait alors les dissoudre, la plupart des sociétés établies ne peuvent se maintenir que par la force brutale et aveugle.

Il n'y a qu'un lien social indélébile, c'est le lien naturel (qu'on entende le mot nature dans un sens ou dans un autre).

Y a-t-il donc un phénomène naturel de ce genre, par conséquent véritable et sans conteste? Oui, il y en a un : c'est l'amitié.

L'amitié du chien, par exemple, n'est pas un mythe, comme le contrat social, et elle

prouve que l'homme (perfectible, c'est évident,)
pourrait en développant mieux son sens naturel, arriver au même point, aux mêmes
élans.

Frappez ce chien, il vous lèche les mains ;
détruisez sa famille, il consent à vous la sacrifier. Il n'a qu'un bonheur au monde, c'est de
vous accompagner partout, c'est de rester
auprès de vous, par terre, dans son coin, de
vous regarder tout le jour.

Pour vous, il souffrira le froid, la faim, toutes les misères, sans se plaindre.

Il ne comprendra jamais votre langage, il
ne vous parlera pas, comme pourrait le faire
vos amis. Or, des amis, vous n'en avez pas.

Brave homme qui viens à moi, au milieu de
cette société supérieurement légiférée, n'est-
ce pas que tu te sens bien souvent isolé, désen-
chanté, avec ta femme qui se tait et les petits
enfants qui pleurent.

Le contrat social n'enverra personne à ton
aide, quand ta femme, ton enfant seront malades, et que tu tomberas de fatigue auprès du
lit.

Quand quelque perfidie te menacera sour-
noisement, la loi ne te protégera pas tant qu'il
n'y aura pas eu délit ou crime. « *La loi n'est
« pas préventive.* »

Et quand tous les tiens seront morts, si tu es
vieux, et qu'un bâton ne puisse suffire à sou-
-tenir tes pas, y a-t-il rien dans le contrat
social qui oblige ton voisin occupé, affairé, à
te donner le bras sur ton chemin ?

Si tu es jeune, et que le vice te poursuive,
y a-t-il rien qui l'oblige à t'accompagner pour
te garder? *Le droit de l'homme et du citoyen*
ne se mêle pas de ces choses-là. Il se donne un
enseignement à l'Église, ou dans quelque école,
profites-en, si tu le peux. Tout est dit. On se
lave les mains du reste.

Quand tu auras faim, peut-être qu'on te jet-
tera un morceau de pain, mais il n'y a pas de
loi qui prescrive qu'on doit te consoler quand
tu pleures. La loi n'est qu'impitoyable, froide
comme le marbre, et rigide comme le fer.

Autour de chacun de nous il y a un vide,
comme dans la nuit, comme parmi les tom-
beaux.

O mes frères en douleur, vous êtes-vous jamais demandé ce qu'il adviendrait pourtant si vous aviez des amis, si toute cette solitude se peuplait tout d'un coup de voix amies compatissant à vos misères, de mains amies se tendant pour vous offrir aide et appui.

Voilà le soir : les bonnes causeries s'entrechoquent à l'aventure, sans réticence, joyeusement. Voici le matin : un chaud accueil à votre éveil.

N'est-ce pas que la plus grande des joies au monde, c'est d'y avoir des amis?

Toutefois, songez y, pour avoir des amis, il faut que vous soyez dignes d'être estimés, d'être aimés vous-mêmes, et qu'il faut, par conséquent, vous étudier à devenir meilleurs.

Il y a longtemps que Cicéron l'a dit :

« On n'aime que la probité, la bonté, la « vertu ».

Et la vertu, Michelet la qualifiait autrement : *la vertu du sacrifice* (ou du renoncement à son intérêt personnel).

Pour ce faire, il faut abjurer sa personnalité, savoir *se mettre à la place* de l'ami, participer à ses joies, ses chagrins, ses croyances, aller au devant de lui en disant : « Mon ami, tu vaux mieux que je ne vaux, et demain, après-demain, toute ma vie, toute ta vie, je serai à toi. »

Tel est l'idéal, le modèle de l'amitié, vers lequel il faut tendre, de manière à s'en rapprocher sans cesse, en se perfectionnant sans cesse.

C'est pour cela que nous sommes sur la terre, et c'est comme cela que la future société meilleure ne devra être qu'une société d'amis.

Ma thèse prêtera à rire.

Mes contradicteurs crieront que c'est une chimère, que c'est insensé, n'imaginant pas que l'amitié est un sentiment encore en enfance parmi la masse du public, et que, eu égard à notre perfectibilité probable, les hommes arriveront seulement de siècle en siècle à être plus sensibles et plus humains (1).

1. Les premiers chrétiens étaient unis par l'amitié. « Voyez comme ils s'aiment, écrivait un Père de « l'Eglise d'alors, voyez comme ils savent mourir « les uns pour les autres ».

Plus tard, dans les communautés monastiques,

Bien plus, s'inspirant des doctrines régnantes, ils diront que c'est une chimère, parce qu'il n'y a pas de probité, de bonté, de vertu, d'amitié, qu'il n'y a au monde que des intérêts.

En est-il donc ainsi?

Non, certes. L'élévation des sentiments, le désintéressement absolu, le dévouement ne sont pas choses si imaginaires.

Lisez les articles de Max. du Camp sur la charité, lisez les rapports sur les prix de vertu.

Il y a des braves cœurs partout, de ci, de là, des isolés, des faibles, des maladroits qu'on rebute, et qui se taisent.

« Les bons, dit Cicéron, doivent s'aimer et « se rechercher, comme s'ils étaient unis par « la nature. ».

Pourquoi donc alors ne vont-ils pas vivre

l'amitié fut défendue, comme un *vol* qu'on ferait à Dieu. Ils n'avaient cependant qu'à ouvrir leur Evangile où il est écrit :

« Aimez-vous les uns les autres *pour l'amour de moi* ».

ensemble, se séparant de l'ignoble monde dans lequel ils sont jetés?

Que je voudrais les voir se réchauffer au foyer de ceux qui savent toujours trouver les bonnes paroles! Que je voudrais voir ressusciter les belles intelligences au contact de leurs sœurs!

Certains d'entre eux, je le sais, des liens de famille, des forces majeures les retiennent en un point.

Ceux-là peuvent nous être associés de loin. Qu'ils nous écrivent, pour que nos réponses les réconfortent.

XI

A MON FILS.

Mon enfant, aime la maison que tu habites, aime l'œuvre de tes mains, aime le champ qui te nourrit, aime le jardin qui t'ombrage et t'égaie, n'aime jamais l'argent.

L'argent.

Si le meilleur moyen d'unir les hommes, c'est l'amitié, il n'y a rien autant que l'argent qui soit propre à les désunir.

L'argent, le numéraire, remarquez-le bien, est corrupteur, traître et injuste.

Ce promoteur de tous les grands vices (qui, sans lui n'existeraient pas) a éliminé les sentiments naturels, comme l'amitié, la reconnaissance. L'hospitalité n'a plus de raison d'être : tout se paie, en vertu de la loi sacrée de l'échange. Les vertus deviennent inutiles. La valeur de l'homme est remplacée par la valeur de l'argent. « Que gagne-t-il ? » On n'estime l'homme qu'au tarif.

Le lien naturel se trouve remplacé par un artifice, une sorte de jeu de hasard, à l'aide de fiches et de jetons. Ce sont les combinaisons de ce jeu qui régissent toutes les actions humaines.

Le chasseur sauvage se met en quête de sa proie pour la manger.

L'homme prétendu civilisé de notre temps s'arrache le pain de la bouche pour amasser de petites pierres luisantes. Gagner de l'argent ! c'est là toute la théorie commune de la destinée humaine et ce qu'il y a d'insensé dans une pareille doctrine ne frappe presque personne.

Les économistes divinisent le capital et en ont fait une des personnes de leur trinité, mais en ont-ils apprécié l'immoralité ? — Non.

Ils n'ont pas dit que l'argent met la puissance entre les mains des filous, des prostituées, des fous, c'est-à-dire que le travailleur et l'honnête homme se trouvent, dans bien des cas, asservis à un morceau de minéral, chose fugitive, infidèle, insensible, sans caractère propre, sans volonté.

Ils n'ont pas dit qu'il y a là une sorte de fétichisme, possible parmi des peuples à demi-barbares, comme nous le sommes (de pair avec tant d'autres stupides superstitions florissantes), et que l'argent est un mécanisme qui sert à rabaisser la vertu.

Il s'ensuit que, dans une communauté nouvelle, il faut réduire le capital à sa plus simple expression. On ne peut le supprimer, puisque il est un instrument d'échange, et qu'il y aura longtemps encore, des échanges indispensables. Mais on échangera le moins qu'il sera possible.

Si chacun trouve dans la communauté sa pitance, son vêtement, son abri, personne ne devra songer à faire fortune.

Imitons encore en cela ce qui a été dans les monastères primitifs.

Grégoire-le-Grand disait, qu'il ne pourrait y avoir dans un monastère, ni concorde, ni charité, si on y aimait l'argent.

Montalembert, *moines d'Occident*, II, p. 168.

Le même Grégoire le Grand, abbé d'un monastère, fit jeter à la voirie le corps d'un moine sur lequel on avait trouvé trois pièces d'or au mépris de la règle.

On jeta l'or après l'homme et les moines qui étaient présents tous à l'exécution répétèrent à haute voix le verset :

« Pecunia tuâ tecum sit in perditionem » (1).

1. Que ton argent s'en aille avec toi à la perdition.

XII

Conclusion.

Nous avons donc cherché précédemment une société meilleure où la sociabilité plus parfaite serait maintenue par la simplicité des mœurs et par l'étude.

Ce programme tant rêvé se réalisera-t-il jamais?

Dieu seul le sait.

Nous avons parcouru l'examen des réformations imaginées d'âge en âge pour fonder une société semblable, et avons vu que si l'égalité avait subsisté dans certaines, c'était aux dépens des profanes du dehors qu'on exploitait.

En résumé, que l'égalité soit possible ou non, cela nous inquiètera peu.

Si nos adeptes sont plus humains, et s'a-
méliorent de jour en jour, ils ne s'entre-dévo-
reront pas, et ils ne se laisseront pas mourir
de faim.

Le problème social (je l'ai assez répété), est
donc tout de morale.

Voilà pourquoi nous aurons d'abord notre
église, où nous reformerons nos caractères,
en nous exhortant doucement les uns les
autres, où nous nous réunirons pour nous con-
seiller, nous concerter, nous communiquer
nos lectures, nous consoler dans le chagrin.

Toujours est-il que là, où *notre vie simple*
aurait remplacé la vie mondaine, la vie dérai-
sonnable, il se ferait promptement de grands
progrès dans les sciences, dans les arts, dans
les métiers. Le monde changerait d'aspect.

Si les femmes pouvaient alors faire fi de ce
qui est frivole et mesquin, avoir d'autres espé-
rances, d'autres admirations, comme elles
gagneraient en influence!

Excelsius !

Ne comptez pas pour de la joie la joie convenue.

Renoncez à tout ce qui est niais, aux commérages, aux jeux d'esprit, à tous les jeux, aux fêtes à feux d'artifice, aux bals.

Faites-vous-en une règle, de manière que votre temps utile s'étende.

Mettez votre âme à l'unisson avec la belle poésie. Vous en ressentirez un grand bien, un grand renfort.

Quand vous lisez un bon livre, revenez souvent à la même page.

Taisez-vous à propos, pour écouter ceux qui parlent bien, mais n'écoutez jamais les sots, avec leurs raisonnements toujours faits au même moule. Que toute platitude vous fasse détourner la tête vers les sommets.

Cherchez toujours l'idéal, le progrès, la perfection indéfinie, et ne vous en découragez jamais.

Imp. des Écoles, H. JOUVE, 15, rue Racine, Paris.

IMPRIMERIE H. JOUVE, 15, RUE RACINE, PARIS

www.ingramcontent.com/pod-product-compliance
Ingram Content Group UK Ltd.
Pitfield, Milton Keynes, MK11 3LW, UK
UKHW020930120726
13693UKWH00003B/1231